AF263362

Lib
1963

44

Lb 463.

DISCOURS

PRONONCÉ avant le *Te Deum*, le 25 janvier 1807, dans le temple des Israélites portugais et avignonais, sis rue Cimetière-St.-André-des-Arcs, à l'occasion des brillantes Victoires remportées par la Grande Armée sur les Russes ; par J. B. CARCASSONNE (d'Avignon).

MESSIEURS,

Qu'il m'est doux de remonter à cette sainte tribune pour avoir l'honneur de vous entretenir de nouveau des éclatans succès obtenus par notre invincible Empereur et sa Grande Armée, sur les bandes hyperboréennes.

J'admire la conduite de Sa Majesté, digne des plus grands éloges, qui venant à-peine de vaincre glorieusement ses ennemis, loin de se livrer aux transports de la joie et s'énorgueillir d'un tel avantage, comme aurait pu faire un Monarque ordinaire, consacre, sur le champ de bataille, sa première pensée au Dieu des armées, en lui rendant grace, et qui ne se contentant pas de cela, ordonne, par un religieux décret, aux différens peuples de son

16. 44 465.

vaste Empire, d'en remercier avec ardeur le Dieu du Ciel.

Il me semble voir, Messieurs, le Roi Prophète lui-même dédier un Cantique nouveau au Très-Haut, après avoir été délivré de quelque danger imminent. Comment la victoire pourrait-elle n'être point fidèle aux drapeaux d'un Prince aussi pieux ? Jadis, lorsque notre saint Temple existait, et que le Dieu d'Abraham nous accordait quelqu'insigne faveur, soudain nous courrions tous y offrir, avec un scrupuleux empressement, un nombre prodigieux de victimes, pour lui témoigner notre sincère reconnaissance ! Mais aujourd'hui que par nos coulpes nous n'avons ni prêtres ni autel, et que nos prières seules nous tiennent lieu de propitiatoire, servons-nous en donc maintenant, Messieurs, comme d'un encens très-pur et d'agréables hosties, et adressons avec ferveur, à l'Éternel, nos continuelles actions de grâces en remerciment des victoires signalées qu'il vient d'accorder à notre illustre Empereur sur les barbares du Nord.

Grand Dieu d'Israël ! conserve notre bien-aimé Souverain, comme la prunelle de ton œil, dans les périls où sans cesse il s'expose pour le bonheur de ses peuples ; fais, par ta miséricorde infinie, que ses terribles flèches ne soient jamais tirées en vain, et que ses ennemis, qui sont aussi les nôtres, se fondent à son aspect comme la cire auprès d'un foyer ardent., où se dispersent comme les eaux qui se perdent dans la campagne!

O vous! rives du Bug et de la Nareuw, vous venez d'être témoins de la valeur du héros d'Austerlitz. Que dis-je? votre onde a fui, épouvantée à sa contenance guerrière, et s'allant briser dans le lointain avec effort, elle aura sans doute été publier par-tout sa renommée.

Quel Prince, qu'on le dise, autre que le grand Napoléon, s'éloignerait, comme lui, des délices de sabonne ville capitale, qu'on peut regarder comme celle du Monde, pour marcher à la tête de ses valeureuses Légions au travers des climats rigoureux de l'ancienne Sarmatie?

Serait-ce pour augmenter sa propre gloire et immortaliser son nom que Sa Majesté s'impose volontairement mille privations, et partage, avec une constance aussi admirable, les dangers et les fatigues de ses belliqueux soldats dans ces contrées difficiles?

Quoi? les célèbres campagnes de Sa Majesté en Italie, premiers fruits de son vaste génie, et qui serviront à jamais de modèles aux plus fameux Capitaines, sans parler des autres exploits étonnans de Sa Majesté, elles seules ne suffiraient-elles pas pour transmettre sa mémoire à la postérité la plus reculée?

N'est-il pas évident, au contraire, que le vainqueur d'Iena y dirige sa marche triomphante à trois cens lieues de ses frontières, non pas pour conquérir encore de nouveaux Royaumes, mais bien le repos du Continent?

Et il est certain aussi, Messieurs, que les nobles travaux de notre auguste Empereur, ainsi que ses nombreuses veilles, n'ont d'autre but que d'améliorer le bien-être de sa grande Nation, à laquelle l'Europe n'ignore pas qu'il s'est dévoué tout entier, sur-tout depuis l'heureuse époque où il a été solemnellement élevé, par les Français reconnaissans, à la haute dignité Impériale.

Vive l'Empereur Napoléon-le-Grand, et sa vertueuse Compagne !

Vive la Famille Impériale ! ainsi que nos braves Armées !

Nota. Quoique la sainteté du lieu ne permette pas de se livrer aux acclamations, cela n'a point empêché que le respectable auditoire n'ait répété spontanément ces *vivat* avec un vif enthousiasme.

J. R. CARCASSONNE.

DISCOURS

Prononcé *le 7 décembre 1806, avant le*
Te Deum, *dans le temple des Israélites
portugais, à l'occasion de l'anniversaire
du Sacre de S. M.* NAPOLÉON Ier.,
*Empereur des Français et Roi d'Italie;
par* J. R. Carcassonne, d'Avignon.

Mes très-chers frères,

La célébration doublement solennelle de
l'Anniversaire du couronnement du plus
chéri des monarques, et de la mémorable
bataille d'Austerlitz est bien agréable sans
doute pour la grande Nation, et pour nous
en particulier.

Que ce jour rappelle d'heureux souvenirs!
Ici, j'admire l'étonnante modération du héros
de l'Adige et du Nil, digne de la vénération
de tous les siècles, qui, par le droit incon-
testable que lui donnait l'ascendant de ses
armes irrésistibles, aurait pu, à l'exemple
de César, ne devoir qu'à lui-même la plus
belle des couronnes; mais né pour en donner
au monde plutôt que pour en recevoir de
lui, il ne voulut la tenir que du suffrage

libre et réfléchi de ses peuples ; sa grande ame n'y attachant aucun prix , si le cœur ne précédait la main qui l'offrait.

Son attente ne fut point trompée : soudain par un motif d'amour et de reconnaissance, et un mouvement spontané , la Nation toute entière, avec les démonstrations de la joie la plus vive, lui confia le soin important de ses hautes destinées.

Pouvait - elle les remettre en des mains plus habiles ?

Tant de dignités réunies méritent, non-seulement de commander au grand peuple , mais bien encore l'empire de l'univers.

Quel Français, dans une fête vraiment nationale, telle que celle-ci, pourrait conte-nir ses transports d'allégresse ? aucun, j'ose le dire, quel qu'il soit ; ce moment ne sau-rait lui être indifférent.

En rapprochant, mes Très-Chers Frères , la honteuse défaite des hordes féroces des Grecs septentrionaux, de celle des Grecs orientaux , non moins féroces encore, pré-cisément dans le même mois, par la valeur généreuse des illustres Machabées, nos cœurs demeurent confus d'étonnement et adorent les impénétrables décrets de la providence.

Quels événemens glorieux pour les armes

de Sa Majesté n'ont pas succédé à ces deux fastueuses époques de notre histoire !

Un prince, jadis puissant, faible jouet de ses ministres vendus à l'or de l'Angleterre, a osé braver la grande Nation ; bientôt la prompte et éclatante destruction de ses légions si vantées a signalé son imprudence et grossi le nombre de nos trophées, et par une juste punition du Ciel, lui qui se mocquait avec tant de mépris des rapides succès de nos braves armées dans la campagne dernière, aura vu, non sans peine, que ceux qu'elles viennent d'obtenir sur ses nombreux bataillons, sont et plus décisifs et plus humilians.

Le Seigneur a tonné du Ciel ; le Très-Haut a fait retentir sa voix.

Il a tiré ses flèches, il les a dispersés ; il a lancé ses foudres, et il les a consumés (1).

Traversant en fuyant les diverses provinces de son vaste royaume prodigieusement accru par une politique artificieuse de quatorze années, le crédule monarque

____

(1) Les Rois, liv. 2, chap. 22, vers. 14 et 15. Cantique de David, en action de graces des victoires remportées sur tous ses ennemis.

cherche maintenant, mais trop tard, à désarmer le juste couroux du vainqueur.

Voilà quel est le sort réservé au souverain assez peu éclairé sur ses vrais intérêts pour se laisser influencer par une suggestion étrangère, en menaçant l'indépendance des dignes descendans des Gaulois.

Journée immortelle d'Jéna, vous serez chère à la mémoire de tout bon Français ! Placée à côté de celles d'Austerlitz et de Marengo, vous y serez gravées éternellement. Ce n'est pas, qu'après avoir dissipé quatre monstrueuses coalitions formées contre notre patrie, qui ne tendaient à rien moins qu'à l'engloutir, et volé depuis douze années de triomphe en triomphe, que notre invincible Empereur prétende, quoi qu'en dise nos implacables ennemis, à la monarchie universelle; son but constant est la paix: l'Europe entière en est intimement convaincue, et la postérité en jugera ainsi; il l'a toujours offerte à ses ennemis, avant le combat comme après la victoire; et s'ils reprochent à la grande Nation d'avoir reculé ses limites, ce n'a été que par force, en la mettant dans l'indispensable nécessité de se défendre contre toutes sortes d'agressions, et la contraignant, non sans répugnance, à l'occupation de tel pays, soit provisoire ou définitive pour sa sureté personnelle, et par l'abus des trèves et des paix partielles accordées si généreusement par notre magnanime Souverain.

L'expérience a démontré maintenant l'inconvénient de ces pacifications incomplètes; semblables aux ulcères d'un corps malade, dont on entreprendrait en vain la guérison séparément, il faut purger la masse du sang qui les engendre tous.

Le décret salutaire que Sa Majesté l'Empereur vient de rendre, confirmé par le Sénat Conservateur, qui relègue momentanément les Anglais dans les îles britanniques, remplit exactement ce but.

Vous serez pur avec les purs, et vous paraîtrez méchant avec les méchans (1).

Ne doutons nullement qu'une paix honorable et solide pour le grand peuple ne soit le fruit d'une mesure aussi vigoureuse, commandée impérieusement par les circonstances. « Il faut, disent les termes d'un décret » à jamais mémorable, battre nos éternels » ennemis avec les mêmes armes dont ils » se servent contre nous. » Autrement c'eût

______

(1) *Idem*, vers. 27.

été rendre la guerre interminable, et vouloir traiter chaque ulcère en particulier.

Secondons, mes Très-Chers Frères, les vues régénératrices du plus vertueux des Princes et du plus tendre des pères; soyons dignes de nous et de nos ayeux, en continuant de mériter le titre de Nation fidelle, acquis par tant de sang et de sacrifices.

Il n'est besoin que de quelques efforts encore pour arriver à ce terme si désiré, qui est la paix. Lorsque le génie immortel du grand Napoléon nous la promet, pourrions-nous hésiter un instant d'y croire? non sans doute.

A-t-il trompé une seule fois sur le champ de l'honneur nos invincibles phalanges, en leur prédisant si souvent la victoire?

Je me plais à savourer d'avance, mes Très-Chers Frères, les bienfaits du retour de la paix; je vois avec elle renaître le commerce, donner un nouvel essort aux arts et raviver l'industrie nationale.

Cette époque fortunée n'est peut-être pas si éloignée de nous qu'on le pourrait croire; tout nous l'annonce au contraire comme très-prochaine. Adressons, mes Très-Chers Frères, nos ferventes prières au Dieu des armées, qui est aussi le Dieu de la concorde, pour qu'il nous l'envoie très-promptement, afin qu'elle vienne cicatriser les blessures inévitables causées par le fléau de la guerre; demandons-lui sans cesse dans nos oraisons, qu'après avoir accordé à notre bien-aimé souverain les victoires continuelles et signalées du règne du Roi Prophête, si semblable à celui de Sa Majesté, il leur ajoute encore la tranquillité de celui de son fils, pour gouverner ses peuples en repos; qu'il conserve et prolonge ses jours précieux, ainsi que ceux de son auguste famille, des grands officiers de sa cour et des personnes qui lui sont chères, et assure à son heureuse postérité, comme à celle du saint roi, le sceptre éternel de la domination impériale.

A PARIS, chez CAILLOT, Imprimeur-Libraire, rue du Hurepoix, quai des Augustins, N°. 9.

BIBLIOTHEQUE NATIONALE DE FRANCE

3 7531 00173164 6

www.ingramcontent.com/pod-product-compliance
Lightning Source LLC
Chambersburg PA
CBHW050721070726
47597CB00009B/3737